Biographie de Jane Meredith Mayer

Jane Meredith Mayer est une journaliste d'investigation qui travaille pour le *New Yorker* depuis 1995. Ces dernières années, elle y a publié des articles sur les finances politiques, les réactions gouvernementales aux révélations des lanceurs d'alertes, ainsi que sur les programmes militaires américains concernant les drones MQ-1 Predator.

Jeunesse et formation

Jane Meredith Mayer est née à New York en 1955. Sa mère, Meredith (née Nevins), a été peintre, présidente du Centre Graphique de Manhattan et imprimeur. Son père, William Mayer, est compositeur. Son arrière-arrière-grand-père paternel était Emanuel Lehman, un des fondateurs de *Lehman Brothers*, et ses grands-parents maternels étaient les historiens Allan Nevins et Mary Richardson (née Fleming). Allan Nevins consacra plusieurs ouvrages à la famille Rockefeller (dont la biographie officielle de John D. Rockefeller), dans lesquels il peignit les Rockefeller et d'autres personnalités du monde des affaires comme de véritables héros du capitalisme américain.
Jane Meredith Mayer obtient son diplôme à Fieldston en 1973. Pendant ses années de lycée, elle étudie un an à Bedales School (Londres), dans le cadre d'un échange scolaire. Elle fait partie de la promotion 1977 de l'Université de Yale,

période pendant laquelle elle est pigiste pour le Time magazine. Elle poursuit ensuite ses études à l'Université d'Oxford.

Carrière

Mayer débute sa carrière journalistique dans deux petits hebdomadaires du Vermont, *The Weathersfield Weekly* et *The Black River Tribune*, puis dans un quotidien, le *Rutland Herald*. Elle déménage ensuite à Washington comme correspondante locale pour le *Washington Star*, avant de rejoindre le *Wall Street Journal* en 1982, où elle travaillera douze ans : elle y sera successivement première correspondante féminine à la Maison Blanche, rédactrice senior, puis auteure d'éditoriaux en Une du journal.

Elle a également été correspondante de guerre et correspondante étrangère pour ce même journal, couvrant les attentats de Beyrouth du 23 octobre 1983, la Guerre du Golfe, la chute du Mur de Berlin, ainsi que les derniers jours du communisme en URSS. Elle a été nommée deux fois par le Journal pour le Prix Pulitzer, dans la catégorie « Article de fond ».

Jane Meredith Mayer a également travaillé pour le *New York Review on Books*, le *Washington Post*, le *Los Angeles Times* et l'*American Prospect*.

Elle a également participé à l'écriture de deux livres : en 1989, avec Doyle McManus, un récit du second mandat de Ronald Reagan à la Maison Blanche (*Landslide: The Unmaking of the President, 1984-1988*), puis, en 1994, avec Jill Abramson, une

4

enquête sur la nomination de Clarence Thomas à la Cour suprême des États-Unis (*Strange Justice: The Selling of Clarence Thomas*). *Strange Justice* a été adapté en téléfilm pour Showtime, avec la participation de Delroy Lindo, Mandy Patinkin et Reginay Taylor.

A propos de *Strange Justice*, le Time magazine a pu écrire : « Il s'agit du portrait le plus détaillé et convaincant qu'on ait pu réaliser du *Ça* de Thomas dans le rôle d'un *surmoi* Républicain. »

En 1994, *Strange Justice* a été finaliste du *National Book Award for Nonfiction*. Il l'a également été, avec *Landslide : The Unmaking of the President,* pour le *National Book Critics Circle Award*.

De *Landslide*, Steven V. Roberts, correspondant du New York Times à Washington, a écrit : « Il s'agit clairement du livre d'un journaliste, riche en anecdotes et détails révélateurs… Je suis impressionnée par le volume d'informations confidentielles qu'il contient. »

The Dark Side

Le troisième ouvrage de Jane Meredith Mayer, *The Dark Side : The Inside Story of How the War on Terror Turned into a War on American Ideals (2008),* révèle les origines et les preuves légales de l'utilisation par la CIA et le Département de la Défense des États-Unis de « techniques d'interrogation renforcées » (assimilables, de fait, à de la torture) exercées sur des détenus, et des décès qui en furent la conséquence. Ce livre, qui pose la question de possibles inculpations pour crimes de guerre, a fait partie des finalistes pour le *National Book Award*.

Dans sa critique de *Dark Side*, le *New York Times* indique que ce livre est « le portrait le plus frappant et exhaustif que nous ayons sur la manière dont un gouvernement, dans l'exercice de l'équilibre des pouvoirs et dans le traitement des droits des individus, pouvait se trouver à l'exact opposé de ses idéaux. » Le *Times* a par la suite considéré *The Dark Side* comme l'un des livres les plus importants de l'année.

Andrew J. Bacevich, dit de cet ouvrage, dans le *Washington Post* : « La réussite de Mayer tient moins à de nouvelles révélations que dans la manière dont elle rend intelligible l'histoire qu'elle tisse à partir d'éléments épars révélés ailleurs. » Joby Warrick, journaliste au *Post*, considère pour sa part que le livre de Mayer a permis de relayer l'avertissement adressé à l'administration Bush par un analyste de la CIA, lequel estimait que « presque un tiers des détenus de Guantanamo avaient pu être emprisonnés par erreur ». Mais le gouvernement a ignoré cet avertissement, et continué de considérer ces prisonniers comme des combattants ennemis.

Dans un récit publié le même jour dans le *New York Times*, le reporter Scott Shane soulignait que le livre de Mayer révélait les conclusions d'un rapport secret établi en 2007 par des responsables du Comité International de la Croix Rouge, stipulant que « les méthodes d'interrogation de la CIA sur des prisonniers de haut niveau d'Al-Qaïda étaient constitutives de faits de torture, et pouvaient permettre d'inculper les responsables de l'administration Bush en tant que criminels de guerre. »

Libertés individuelles

Dans un article consacré à l'ex-officiel de la NSA (*National Security Agency*) Thomas Drake, Jane Meredith Mayer a dénoncé les poursuites de l'administration Obama contre les lanceurs d'alertes. En dépit des promesses de campagne d'Obama en matière de transparence, écrit Mayer, son administration « a continué les poursuites avec une implacabilité surprenante ». Cet article, récompensé par le Prix George-Polk, avait permis de lever le voile, selon les propres termes du jury, sur les « poursuites abusives exercées contre Drake », et avait ainsi contribué « à faire abandonner les principales charges contre [lui] ».

Les drones

En 2009, Mayer s'est intéressée à l'utilisation des drones par l'administration Obama. « Le nombre de frappes par drones a augmenté de manière significative depuis qu'Obama est Président », écrit-elle. Elle évoque les erreurs de manipulation de ces engins, ainsi que les problèmes éthiques posés par leur utilisation croissante.

L'argent en politique

Pendant plus d'une décennie, Mayer a couvert le sujet des financements politiques, critiquant à la fois les libéraux et les conservateurs. En 1997, elle publie un article sur « les tactiques douteuses de levées de fonds du parti Démocrate lors des élections de 1996 ». Elle y décrit la manière dont la campagne de Clinton « fit la publicité du prestige et du glamour de la Présidence comme cela n'avait jamais été fait auparavant ».

En 2004, un article sur George Soros et d'autres milliardaires activistes montre comment ces derniers ont cherché à « utiliser leur fortune pour participer à la défaite de George W. Bush lors des élections de 2004 ». Mayer y évoque les « mesures extrêmes » employées par Soros, ainsi que « la démesure alarmante de son rôle financier dans une élection ».

En 2010, Mayer publie un article concernant les activités politiques des frères Koch, qui relate leur « guerre contre Obama », ainsi que leur financement du *Tea Party* et d'organisations à but non lucratif déterminées à bloquer les propositions politiques libérales et à faire battre les candidats Démocrates. Cet article a fait partie des finalistes pour le *National Magazine Awards* en 2011.

En 2011, Mayer publie un article sur le businessman Art Pope : elle y révèle son alliance financière avec les frères Koch en Caroline du Nord, qui leur permet, au sein des conseils d'administration d'Américains pour la Prospérité - *Americans for Prosperity* - et de Citoyens pour une Économie Solide - *Citizens for a Sound Economy*- de travailler à l'élimination des élus Démocrates et Républicains modérés. Par ailleurs, Mayer prédit que le redécoupage électoral effectué à leur instigation leur permettra de gagner des sièges au Congrès au détriment des Démocrates.

Son article lui vaut le Prix Toner pour son « excellence en journalisme politique », et le jury met en exergue ce « type de journalisme qui renforce la démocratie et montre l'importance d'une presse libre ». Mark Bauerlein, dans le *Chronicle of Higher Education*, attaque l'article de Mayer en le qualifiant d'«exemple-même de journalisme tendancieux, pauvrement documenté et faiblement argumenté » ; à ses yeux, « Pope n'a jamais eu droit à un procès équitable ». En réponse, Mayer publie une note sur son blog, révélant qu'en dépit des dénégations de Pope sur le fait qu'il « n'était pas un héritier », sa « carrière politique avait été lancée » grâce à plus de 300.000 $ donnés par ses parents.

En 2012, Mayer dénonce les efforts du Président Obama pour collecter des fonds chez des milliardaires libéraux, et, dans le même temps, son revirement par rapport à ses promesses de campagne de recueillir des dons provenant uniquement de Super PAC (Political Action Committiees).

En 2016, au cours d'interviews à propos de son nouvel ouvrage (*Dark Money*), Mayer révèle que six enquêteurs qu'elle pense avoir été engagés par les frères Koch avaient essayé de salir sa réputation en lui collant « des casseroles », et en suscitant contre elle des accusations de plagiat. Sa réponse a alors été de rendre publiques ces tentatives d'intimidation.

Apparitions

- Télévision :

- *Charlie Rose Show*, CBS
- *Late Show* de David Letterman, CBS
- *Bill Moyers Journal*, PBS, 2008
- *Tavis Smiley Show*, PBS, 7 août 2008 : The Dark Side venait tout juste d'apparaître dans la liste des meilleures ventes du New York Times.
- *Colbert Report, Comedy Central,* 12 août 2008

Mayer est régulièrement apparue dans l'émission *Democracy Now!* sur la chaine Free Speech TV. Elle y a notamment été interviewée le 17 février 2016 par Charles Lewis, professeur de journalisme de l'*American University* et fondateur du Centre pour l'Intégrité Publique, lors d'une discussion publique sur sa carrière et sur *Dark Money*, retransmise sur C-Span.

En octobre 2008, Mayer a participé aux débats sur la couverture médiatique de la Guerre d'Irak organisés au *Newseum* de Washington et à l'Université d'Harvard par la *Fondation Nieman pour le Journalisme.*

Le 26 janvier 2009, Mayer est interviewée lors d'une série de conférences organisée à l'école de droit de l'université de Yale par Linda Greenhouse (Journaliste distinguée en Résidence) et Emily Bazelon (Fellow Truman Capote en écriture créative) sur « La Loi et les Médias ».

Récompenses et reconnaissance

- 2007 : Finaliste pour le *National Magazine Awards* en 2007 grâce à son article *The Black Sites*, paru dans le New Yorker, puis repris dans le *Best American Magazine Writing 2008*, et finalement publié par Columbia University Press.

- 2008 :

✓ Prix John Chancellor, catégorie « Excellence journalistique », pour son enquête préliminaire à la publication de *The Dark Side*. Ce prix de l'Université de Journalisme de Columbia est décerné aux reporters pour leurs « mérites cumulés ». Lors de la cérémonie, Nicholas Lemann, doyen de l'école de journalisme et membre du comité de sélection, a indiqué que Mayer et son co-lauréat Andrew C. Revkin (journaliste scientifique pour le *New York Times*) avaient « placé très haut la barre de référence pour les journalistes », et que tous leurs collègues avaient « grandement bénéficié de leur dévouement et de leur labeur ».

✓ Bourse du Guggenheim pour *The Dark Side*.

- 2009 :

✓ Prix Hillman pour *The Dark Side*

✓ *J. Anthony Lukas Book* pour *The Dark Side*.

- 2011 : Prix George-Polk dans la catégorie « Reportage Magazine » pour son enquête publiée dans le *New Yorker* à propos des poursuites engagées par le Département de la

Justice des États-Unis contre le lanceur d'alerte Andrews Drake. Mayer raconte comment Drake fut menacé de 35 ans de prison pour avoir communiqué à Siobahn Gorman, reporter au Baltimore Sun, qui avait lui-même écrit à ce sujet un article ayant obtenu plusieurs récompenses, des informations pourtant non confidentielles sur le programme *Trailblazer* de surveillance de la NSA. Drake avait été arrêté alors qu'il effectuait un reportage sur la surveillance des individus sans mandat pour le *New York Times,* mais ni Thomas Tamm, ni Drake ni quelque autre employé de la NSA ne put être finalement convaincu d'avoir été à l'origine des révélations de ces affaires. Après la publication de l'article, qui lui valut le Prix Pulitzer en 2005, toutes les charges à l'origine de la mise en examen de Drake furent abandonnées, et celui-ci plaida coupable pour le simple délit de violation des règles concernant la rétention de documents classifiés.

- 2012 : Prix Toner d'Excellence en Journalisme Politique pour sa couverture de la vie politique en Caroline du Nord.

Jane Meredith Mayer a également remporté le Ridenhour Book Prize et le Helen Bernstein Book Award du New York Public Library pour son excellence journalistique.

Vie personnelle

Jane Meredith Mayer a épousé le journaliste William B. Hamilton en 1992. Ancien éditeur au Washington Post, Hamilton l'est actuellement au *New York Times*, à Washington.

Le père d'Hamilton a été correspondant étranger et responsable du bureau aux Nations-Unies pour le *Times*. Son grand-père fut éditeur et propriétaire de l'Augusta (Ga.) Chronicle, et membre du Comité national démocrate (Democratic National Committee).

Transcription de l'émission *Radio Times*, diffusée sur WHYY le 12 février 2016, avec pour invitée Jane Meredith Mayer[1]

- Marty : Ici Marty Moss-Coane, bienvenue sur *Radio Times*. Les partis républicain et démocrate dépensent sans compter pour voir leurs candidats élus à la présidence cette année. De leur côté, les frères Koch ont également fait savoir, par leur réseau politique, qu'ils dépenseront 900 millions de dollars pour que les candidats favorables à leurs idées soient élus cette année. L'argent des frères Koch est amassé via des groupes de réflexion et des universités, des groupes thématiques, des organisations populaires, ou encore provient de la fameuse association *Americans for Prosperity* (« Les Américains pour la Prospérité »). Notre invitée, Jane Mayer, dans son nouveau livre, mène l'enquête sur les frères Koch et sur un groupe de personnes partageant leur vision du monde, qui désirent changer radicalement le système politique américain afin de favoriser leur business grâce à une limitation du rôle du gouvernement et moins de régulation.

Ce livre, c'est *Dark Money – Milliardaires et Extrême-droite, l'histoire cachée*. Jane Mayer pense que les frères Koch ont atteint leur but avec les élections de mi-mandat de 2010, et

---

[1] Pour la commodité du lecteur, nous avons choisi d'insérer des titres des sous-titres, qui n'ont évidemment pas été prononcés lors de l'émission.

l'adoption de l'arrêt défendu par la fondation *Citizens United* (les « Citoyens Unis »).

Jane Mayer est rédactrice attitrée au *New Yorker* et nous a rejoints ici, dans nos studios de Philadelphie : Jane Mayer, heureux de vous revoir avec nous à *RadioTimes* !

- Jane : Ravie d'être avec vous.

Qui sont les libertariens ?

- Marty : Quand on considère les frères Koch et leurs intentions politiques, est-ce qu'on pourrait parler, en gros, d'une troisième sorte de parti politique ?

- Jane : Si vous voulez… En fait, c'est très différent. Je veux dire qu'il y a toujours eu les riches Démocrates et les riches Républicains, mais ce que nous avons là est une sorte de parti politique privé qui représente les intérêts des 400 à 500 hommes d'affaires les plus riches du pays, qui ont mis leur argent en commun pour servir leurs intérêts : leur budget est deux fois plus important que celui du Comité National Républicain pour la campagne présidentielle de 2012, et ils ont plus de gens qui travaillent pour eux ! On a là un véritable parti ploutocratique qui se crée dans le pays.

- Marty : Que veulent-ils ? C'est-à-dire : veulent-ils prendre les rênes du pays ? A moins qu'ils n'aient déjà réussi ?

- Jane : Eh bien, ils veulent avoir une influence sur l'Amérique, que l'Amérique prenne la direction de leurs choix politiques. Mais plutôt que de se porter eux-mêmes candidats, ils usent de leur argent comme moyen de pression sur le processus politique pour l'orienter à leur avantage. Par exemple, Theda Skocpol, qui est professeur en sciences politiques à l'université d'Harvard, vient de publier un article intitulé « L'effet Koch », dans lequel elle montre que ce groupe agit comme une force magnétique qui, sur des questions économiques comme la faiblesse des taxes, pousse le parti Républicain très loin à droite. Ce sont des thèses anti-gouvernementales qui, pour ce groupe, visent à mettre fin aux politiques sociales trop onéreuses à ses yeux ; ces gens-là n'ont clairement pas besoin, ni envie, de politiques sociales ; ils essaient donc de se débarrasser des textes réglementaires et législatifs qui s'opposent à leurs intérêts économiques.

- Marty : Cet ouvrage s'intéresse beaucoup aux frères Koch, mais on voit aussi apparaître Richard Mellon Scaife, ainsi que d'autres noms, dans le milieu du business notamment, dont la plupart des gens n'ont jamais entendu parler. Est-il juste de dire que les frères Koch mènent la charge ?

- Jane : Eh bien, ça semble bien être le cas. Je citerai ce qu'a pu dire Charles Lewis, dirigeant du Center for Public Integrity (le « Centre pour l'Intégrité Publique »), une association bipartisane à bon non-lucratif : « Les frères Koch sont un cas à part. Ils ont un tel passé de manipulation politique et de non-respect de la loi… ». Idéologiquement parlant, leur cas est tout à fait intéressant. Ce que je veux dire, c'est qu'ils sont issus de l'extrême-droite la plus obscure, et que, depuis plus de quarante ans, ils dépensent leur fortune afin d'amener les Etats-Unis dans leur sillage. Ils ont incontestablement joué jusqu'ici un rôle majeur.

Leur cas est profondément intrigant, et je suis ravie que vous posiez cette question… vous avez parlé d'autres personnes car ce que je voulais, dans ce livre, c'était montrer qu'il y a en fait une poignée de familles ultra-conservatrices et très riches qui ont commencé à se placer en opposition, une opposition privée, au gouvernement américain, et cela dès le début des années 1970. Ces familles ont mis en place une sorte de contre-pouvoir avec leurs propres organisations et leurs propres groupes de réflexion… tout ce qui peut les aider à créer une opinion qui soit en leur faveur.

Le roman des origines : l'histoire des frères Koch

- Marty : Maintenant, revenons aux années 1930. Ce sont celles de Fred Koch, le père de ces deux frères qui sont ceux dont nous discuterons le plus. Il a fait fortune dans les énergies fossiles et l'industrie pétrolière. Dans votre livre, vous dites également qu'il a fait des affaires avec l'Union soviétique de Staline et l'Allemagne nazie d'Hitler…

- Jane : Oui, et c'est le comble de l'ironie pour une famille connue pour être un des principaux mécènes de l'idéologie libérale, laquelle prône *de facto* moins de gouvernement. La fortune de cette famille tire sa source de la collaboration avec les régimes les plus tyranniques et autoritaires que le monde moderne ait connus !

Jusqu'à la publication de mon ouvrage, l'épisode de la collaboration avec l'Allemagne nazie n'était pas connu parce que, à dire vrai, les Industries Koch... il faut avoir à l'esprit que les affaires de cette famille sont celles d'une compagnie privée. C'est énorme, c'est la deuxième compagnie privée la plus importante en Amérique, mais on ne sait pas grand-chose d'elle, puisqu'il n'y a aucun actionnaire et que deux frères en possèdent à eux seul tout le capital.

Cette compagnie réalise 115 milliards de dollars de chiffre d'affaire annuel. Elle vend tout : du Lycra aux moquettes et aux tapis Stainmaster, en passant par le raffinage de tonnes de pétrole, les sables bitumeux du Canada, les papiers Dixie Cups et les bois Georgia Pacific. Des produits tellement différents, et les gens ne savent rien de cette compagnie et de son histoire ! J'appelle ça une histoire cachée : et je veux dévoiler cette histoire aux gens de ce pays, afin qu'ils puissent comprendre et juger l'origine de cette compagnie.

- Marty : Je voudrais revenir sur la période Staline, parce que Fred Koch était un financeur ou au moins un fondateur de la John Birch Society, un groupe de pression résolument anti-communiste (qui considérait qu'Eisenhower était communiste !), ce qui montre son ancrage à droite, mais Fred, lui, faisait des affaires avec Staline.

- Jane : Eh bien, d'une certaine manière, l'un ne va pas sans l'autre. Les gens que j'ai pu interroger m'ont dit que, après que Fred Koch eut fait fortune en travaillant pour Staline pendant la Grande Dépression aux Etats-Unis, il était revenu au pays avec un sentiment de culpabilité : des gens qu'il connaissait et avec lesquels il avait travaillé avaient été tués par des agents de Staline. Il devint alors farouchement anti-communiste, jusqu'à l'obsession... Il fut l'un des neuf membres fondateurs de la John Birch Society, et éleva ses enfants dans cette atmosphère politique quasiment paranoïaque dans laquelle, comme vous le savez, on voyait des conspirations communistes partout.

Le mandat présidentiel d'Eisenhower ou celui de John F. Kennedy étaient pour ces gens-là le résultat d'une conspiration communiste, ainsi que la politique d'intégration en Amérique. C'est pourquoi le père Koch écrivit un article dans lequel il décrivait les politiques d'intégration et de sécurité sociale comme des moyens pour fomenter une guerre raciale en Amérique. « Ces politiques mettent les Noirs dans les villes, et on va avoir une sale guerre raciale », disait-il. Beaucoup d'idées rétrogrades et racistes étaient développées au sein de la jeune John Birch Society. C'est cela, l'environnement dans lequel ses fils ont grandi. D'ailleurs, deux d'entre eux, Charles et David Koch, étaient membres de la John Birch Society avec leur père.

- Marty : Il y a autre chose, et je ne veux pas mettre la charrue avant les bœufs, mais ces jeunes enfants ont eu une nounou, qui s'occupait d'eux. Vous écrivez que c'était une authentique sympathisante du régime nazi, et qu'elle éleva ces enfants comme étaient élevés, je pense, les jeunes enfants sous le régime nazi, avec une autorité quasiment tyrannique.

- Jane : Oui, en effet, c'était spécial...

- Marty : C'est vraiment effrayant…

- Jane : Ça ne s'invente pas… Au cours de mes recherches pour ce livre, pendant plus de cinq ans, j'ai interrogé pas mal de personnes, dont les membres de la famille, qui m'ont énormément parlé de cette nourrice, car elle effrayait littéralement les enfants. C'est fascinant… Je veux dire… le père Koch, Fred, avait bâti cette raffinerie pour l'Allemagne nazie et avait séjourné longtemps en Allemagne avant la guerre. Ses lettres témoignaient de son admiration pour les gouvernements allemand, japonais et italien d'alors… On ne connaît pas véritablement son opinion sur ces gouvernements proto-fascistes, mais il admirait la façon de travailler de ces Etats, comparée à celle des Etats-Unis… Il n'aimait pas franchement Franklin D. Roosevelt !

Quoi qu'il en soit, il se débrouilla pour engager pour ses enfants une nourrice qui était une véritable fervente d'Hitler. A tel point qu'après avoir débuté son travail chez les Koch en 1935, elle quittera la famille de son propre chef, car, sitôt connue l'invasion de la France en juin 1940 par les forces d'Hitler, elle annonça aux Koch, dans un délire d'enthousiasme, qu'elle devait retourner en Allemagne « pour être avec le Führer » ! Imaginez-vous quelle influence cela a pu avoir sur ces jeunes enfants placés sous l'autorité quasi-exclusive de cette femme, car les parents Koch, qui vivaient à Wichita, dans le Kansas, voyageaient beaucoup, et étaient donc souvent absents.

- Marty : Eh bien, et sans nous appesantir sur ce sujet, je trouve que c'est assez fascinant… Elle était très stricte sur l'hygiène : les enfants devaient aller aux toilettes à heure fixe, le matin, et quand on voit aujourd'hui Charles Koch, son anti-autoritarisme et son hostilité envers tout contrôle étatique, on ne peut s'empêcher de penser que tout cela est sans doute la conséquence de l'éducation ultra-rigide de cette nourrice…

- Jane : Vous savez, il ne faut pas tomber dans la tentation de l'analyse psychologique, surtout des personnes qui ne se confient pas, mais en même temps, je dois vous dire que l'un des documents que j'ai trouvés au cours de mes recherches contient un secret qui n'a jamais été révélé auparavant. C'est l'histoire de l'éducation de Charles Koch et de ses premières machinations politiques. Elle a été écrite par un historien engagé par l'un des frères Koch, Bill Koch, pour essayer de comprendre ce qui motivait Charles Koch. C'est une véritable plongée dans… Charles Koch était un personnage fascinant qui, déjà enfant, était sans cesse en compétition avec les autres, et assoiffé de pouvoir tout en étant très contestataire et frondeur.
Il a été exclu, il me semble, de pas moins de huit écoles. L'auteur de cette histoire, Nick Coppin, dit que Charles était porté à détruire tout ce qui constituait un obstacle sur son chemin, ce qui comprend aussi, d'après l'auteur, le gouvernement des Etats-Unis. D'une certaine manière, sa philosophie politique se résume au combat contre l'autorité.

- Marty : Bien, on parle de Charles et David Koch, mais il y a aussi Bill et Fred. Vous écrivez aussi, Jane, qu'il y a eu des poursuites judiciaires interminables au sein-même de la fratrie. C'est un peu délicat d'entrer dans les détails mais il n'y a pas… il y a vraiment peu d'amour dans cette fratrie, dans cette famille ?

- Jane : C'était un combat familial et épique digne d'un soap-opéra, avec des détails qui ne s'inventent pas. Voilà quatre garçons divisés en deux camps, et qui ont passé quasiment vingt ans en contentieux les uns avec les autres pour savoir qui aurait la plus grande part de la fortune familiale, et le plus grand contrôle sur les affaires. Bien sûr, au départ, il s'agit de quatre garçons qui ont hérité de plusieurs centaines de millions de dollars de leur père. Ils n'étaient pas à la rue…

- Marty : Oui, et Fred ne semble plus parler à Charles, à qui Bill parle rarement, et Charles et David sont plus ou moins dans la même équipe aujourd'hui.

- Jane : C'est ça… et c'est presque comme ça depuis l'enfance… ces deux équipes. Il y a un épisode très triste que je décris dans mon livre : j'essayais de me familiariser avec le contenu d'une déposition scellée d'un de ces procès sans fin, qui décrivait le moment où le conflit est né… A un certain moment, ils avaient dans les vingt ans, les quatre frères Koch en étaient presque à s'entretuer… Trois d'entre eux firent bloc contre le quatrième, l'aîné, qui s'était toujours montré un peu différent, un peu artiste… Charles Koch était dans l'appartement de son frère aîné alors que celui-ci en était absent, y avait fouiné, et était allé raconter à ses autres frères que leur frère aîné était sûrement gay. Ils imaginèrent un traquenard : sous le prétexte d'un rendez-vous d'affaires entre les quatre frères, ils organisèrent une parodie de tribunal.
Trois d'entre eux étaient assis face à une chaise vide ; lorsque le quatrième frère, Fred, l'aîné, rentra, les autres l'accusèrent d'être gay. « Nous le dirons à notre père, à moins que tu ne

nous abandonnes ta part de la compagnie. Nous estimons anormal qu'un gay possède des parts dans l'entreprise et participe à sa gestion ». C'était clairement du chantage à propos de son homosexualité. Fred essaya de répondre, mais Charles Koch, selon la déposition, lui dit de « la fermer ». Alors Fred se leva et déclara : « Je ne veux plus jamais entendre parler de ça », et il sortit. Bill Koch, dont je cite la déposition, essaya ensuite de défendre son frère aîné, mais Charles Koch le convainquit de se joindre aux deux autres, pour former un triumvirat.

Ils avaient besoin de rester liés, et quoi qu'il en soit, Bill Koch décrit cette expérience comme très éprouvante : il eut toujours du mal à en parler par la suite. Je devrais ajouter que Charles Koch essaya de démentir tout ça, l'histoire de son frère, mais elle était déposée sous serment.

- Marty : Intéressant… et ce frère, celui accusé d'être gay, leur a-t-il abandonné une part de son argent ?

- Jane : Il a eu un traitement différent dans l'héritage, et il n'a eu aucun rôle dans la compagnie. En fait, il n'en voulait pas vraiment… Il a pris un chemin différent. Il vit la plupart du temps à New-York. C'est un important mécène dans le domaine de l'art, mais contrairement aux autres frères Koch, il n'appose pas son nom partout. C'est un mécène qui reste modeste.

Le Manifeste Powell

- Marty : Et maintenant, passons à un autre chapitre, à propos de... du *Rapport Powell*, ou ce qu'on a appelé le *Manifeste Powell*... c'est quelque chose que vous avez écrit dans votre livre, Jane, et... je ne me rappelle plus exactement ce que c'est... mais ça date du début des années 1970-1971, je crois. Qu'est-ce au juste que ce *rapport Powell* ?

- Jane : C'était... On considère que la politique du parti Républicain est ancrée à droite depuis peu, alors que cela remonte à bien plus loin, à plusieurs décennies. Et c'est ce qui m'a intéressée. Dans les années 1970, on voyait un mouvement général de contestation – je ne sais pas si beaucoup d'auditeurs s'en souviennent – mais c'est à ce moment-là que le mouvement pour l'environnement a démarré. Ralph Nader était à la tête du mouvement consumériste et se heurtait alors à un sentiment qui se développait, celui de l'intérêt public, et de toutes ces choses avec lesquelles l'Amérique des affaires était en froid. Powell était avocat pour les compagnies du tabac de Richmond en Virginie, et il écrivit un rapport pour la Chambre du Commerce- qui devait rester confidentiel- à la manière d'un véritable un plan de bataille.
Ce projet disait que le monde des affaires américain était menacé par ces mouvements, et que l'on devait contre-attaquer. J'ai remarqué dans ce mémoire que l'ennemi n'était pas les hippies dans la rue ou les militants pacifistes, non, l'ennemi, c'était l'élite de l'opinion publique : les universités, les magistrats, les scientifiques, les prêcheurs du haut de leur chaire, les journaux, les intellectuels. On lit dans ce mémoire que « si le monde des affaires américain contre-attaque, cette tâche doit nous incomber, ou alors on doit créer notre propre

contre-attaque, et les financements doivent venir des sociétés américaines. Ainsi nous pourrons contrôler les affaires, et changer la mentalité des Américains. »

- Marty : Vous avez mentionné un certain nombre de chaires, départements et universités financés par les frères Koch à cette époque. C'est ce qu'on appelle des groupes de réflexion... Par exemple *Cato*, si je ne m'abuse, a été créé par Koch. *Heritage AEI* est également un rejeton de ce mémoire, de ce manifeste ?

- Jane : C'est le cas, oui. On a... je veux dire que c'est un petit groupe. Powell appartenait à un petit club social où se trouvait Richard Mellon Scaife, lequel avait hérité d'une fortune amassée grâce au commerce du pétrole dans le Golfe. Ce dernier est originaire de Pittsburg, vous savez... J'ai accès à ses mémoires, inédits, qui sont fascinants. Il écrit ainsi dans ce rapport qu'il a fondé 133 des 300 plus importants groupes de droite. Il a consacré à cela toute sa fortune. Il a une fondation privée. Lorsqu'il verse des contributions, il bénéficie de déductions fiscales, et il se développe très consciencieusement, en suivant à la lettre le projet de Powell. Il s'agit donc d'une contre-intelligentsia : tous ces groupes de réflexion, ces programmes et ces universités... qui travaillent avec d'autres familles américaines extrêmement riches qui ont des fondations privées, comme la Fondation Bradley et la Fondation Allen. Ils ont exercé une grande pression sur les universités et lancé la Société Fédéraliste, une société de juristes de droite très influente. Ils se développent, diffusent leur point de vue, tout en bénéficiant de déductions fiscales.

- Marty : Oui, c'est vraiment impressionnant, tout cela… Et c'est à travers la création d'associations philanthropiques, à but non lucratif, ou de charité, qu'ils canalisent tout cet argent ?

Jane : Oui, les gens savent bien à quel point ils ont transformé la philanthropie en arme de guerre. Toutes ces fondations privées, en Amérique, ont été très controversées, surtout quand John Rockefeller a créé la première. En fait, elles devaient rester en-dehors de la sphère politique en échange de déductions fiscales pour leurs membres. Ce qu'on voit, c'est que tout cela prend résolument, et de plus en plus, un tour politique. Ils utilisent ces fondations privées, et leurs déductions fiscales, pour faire la guerre aux politiques sociales et à l'idée que le gouvernement puisse agir pour le bien du pays.

Les groupes libertariens et leur influence

- Marty : D'accord… Je pensais au groupe *Citizens United* , qui nous est contemporain… En fait, il s'agit d'une 501(c)(4s,), c'est-à-dire une association à but non lucratif, censée ne pas être de mèche avec les candidats, et qui a pourtant un poids politique important, beaucoup d'argent… et qui préserve l'anonymat de ses membres ?

- Jane : Exact, c'est bien ce qu'on observe avec ces « 501(c)(4s) », que l'on devrait regrouper sous le titre de

« Groupes pour le bien-être social », selon l'IRS (*Internal Revenue Service*), et qui ne devraient donc pas être engagés en politique. C'est une extension abusive de leur statut, dont l'utilisation remonte à quelques décennies, quand ils ont commencé à utiliser les fondations dans ce sens.

Maintenant, les « 501(c)(4) » sont tout bonnement devenus… une sorte d'énorme caisse noire pour financer les politiques. Mon livre s'appelle *Dark Money* parce que ces groupes sont très opaques, c'est-à-dire que les Américains qui veulent savoir quels sont les gens qui investissent dans ces projets… eh bien on ne peut pas savoir qui sont les donateurs, parce que ces groupes sont supposés être charitables, et qu'on préserve donc l'anonymat des généreux donateurs... En fait, ils sont devenus extrêmement importants et influents politiquement.

La seule Organisation Koch, sur une période de 4 ans, a investi un demi-milliard de dollars dans ces groupes. C'est une véritable révolution du fonctionnement de la politique aux Etats-Unis.

- Marty : En effet… et j'ai une question sur le racisme des partis politiques… S'ils prennent au parti Républicain la plupart de ses idées et de ses candidats, constituent-ils alors une menace pour ce parti ? Ou bien pour le parti Démocrate ?

Jane : Oui… c'est une très bonne question, et je dois d'abord dire, parce que les gens doivent le savoir, qu'un certain nombre de ceux qui critiquent les Koch, et que je cite dans mon livre, sont des Républicains. Il s'agit plus particulièrement de Républicains modérés qui sont accusés de ne pas suivre les Koch et leurs sympathisants dans leurs projets. Par exemple, Steve Lofgren, représentant de l'Ohio au

Congrès, déclare avoir abandonné la politique parce qu'il ne supportait plus cette situation. L'argent dirige tout, et de manière inconsidérée. Il sentait qu'il ne pouvait plus être utile au gouvernement. Vous avez aussi Steve LaTourette, et Mike Lofgren.

Steve LaTourette était aussi un représentant de l'Ohio au Congrès, et Mike Lofgren avait travaillé au Congrès américain (*Capitol Hill*) pendant de longues années, au Comité du Budget sénatorial. Il a révélé à quel point ces groupes d'intérêt prenaient les commandes en Amérique : c'est certain, ces gens considèrent avant tout leurs propres intérêts, et pas du tout les besoins du pays tout entier.

- Marty : N'est-ce pas cela qui explique cette atmosphère de campagne politique permanente dans laquelle nous vivons aujourd'hui ? Et il ne s'agit pas seulement des frères Koch ou de Koch Industries, mais le système politique aujourd'hui est tellement inondé par l'argent... On est en fait dans une sorte de campagne politique sans fin.

- Jane : Eh bien, ce qui m'intéresse, c'est que ce groupe n'est tout simplement pas élu. On est habitué à cette campagne permanente entre Républicains et Démocrates, mais on a peut-être une campagne politique permanente, privée, cette fois, émanant de ce petit groupe, qui vise les institutions. Arrêtons-nous sur ce groupe un instant.

- Marty : Je vous en prie.

- Jane : Il ne s'agit pas simplement des frères Koch. Les frères Koch sont certes immensément riches. Chaque frère possède une fortune estimée à 45 milliards de dollars. A eux deux, ils totalisent donc 90 milliards de dollars. Leur façon d'approcher la politique est très astucieuse, ils rassemblent entre 400 et 500 membres de l'élite, des membres immensément riches, qui détiennent d'immenses ressources. Ils sont capables de remplir à eux seuls la caisse électorale des élections de 2016, ce qui, vous l'avez dit, avoisine les 900 millions de dollars. Ce groupe, c'est simplement… 400 à 500 personnes dans ce pays. Et leur énorme capacité financière leur permet d'exercer pouvoir disproportionné.

- Marty : Ils font… Diriez-vous qu'ils essaient de rendre impossible ou difficile l'art de gouverner dans ce pays ?

- Jane : Eh bien, sur des questions où ce groupe a vraiment de l'influence, je dirais qu'il a effectivement du succès. Mais pas sur tous les sujets, pas à toutes les élections. Ils ont plus d'influence sur certaines questions que dans les élections : les élections, ils en gagnent, ils en perdent. Pour prendre un exemple… la plupart des membres de ce groupe de 400 à 500 personnes sont d'une manière ou d'une autre dans les énergies fossiles. Et ils ont exercé une influence croissante à propos de ce que doit ou ne doit pas faire le Congrès sur la question du changement climatique. Alors que dans le reste du monde et de la communauté scientifique, tout va dans une seule direction, celle qui amène à considérer qu'il s'agit d'un problème sérieux et qu'on ferait mieux de faire quelque chose avant qu'il ne soit trop tard.
Ensuite, le Congrès américain ne fait rien dans ce sens, et on a un engagement, que les frères Koch eux-mêmes ont rédigé, et que 156 membres du Congrès ont signé, qui stipule qu'il ne

faut rien faire concernant le changement climatique. Et ce sont les gens qui briguent des places, avec le soutien des Koch, qui ont signé cet engagement. Dans cette affaire, on peut voir que les mains des décideurs sont littéralement ligotées par l'argent.

- Marty : Pas de système de plafonnement ? pas de taxe carbone ?

- Jane : Exactement. Et les Koch et leurs alliés ont toujours mené un combat acharné contre le système de plafonnement, et contre toutes ces mesures qui veulent faire payer la pollution par le carbone. Leur fonds de commerce dépend des énergies fossiles, ils ne veulent donc pas voir les Etats-Unis passer à un autre modèle. C'est *leur* modèle économique.

- Marty : Nous avons un commentaire de David, sur *Facebook,* qui nous dit que « l'ALEC est ma grosse préoccupation ». Quels sont les rapports entre les frères Koch ou bien ce groupe dont nous parlons, et l'ALEC ?

- Jane : Eh bien, l'ALEC, l'*American Legislative Exchange Council*, est une organisation qui existe dans chaque Etat, et qui favorise le rapprochement avec les entreprises de chaque législateur mandaté, afin de définir une législation qui leur soit favorable, qui aille dans leur sens. Cette organisation exerce une énorme pression à l'échelle de l'Etat. C'est le principal objectif de ses fondateurs, que j'ai mis au jour lors de mon travail de recherche. Dès sa fondation par Richard Mellon Scaife, que je cite dans mon livre, les lettres des gens qui participaient au lancement de l'ALEC ont afflué : « Merci beaucoup, M. Scaife. Grâce à vous, tout est possible ! » Les frères Koch ont vraiment joué un très grand rôle en soutenant l'ALEC pendant toutes ces années. Ils l'ont renflouée quand elle était dans les cordes.

C'est important… Une des choses importantes à dire sur les frères Koch est qu'ils sont des ingénieurs, et très brillants. Charles et David Koch sont tous deux diplômés du MIT, et c'est avec leurs yeux d'ingénieurs qu'ils ont observé de façon systématique le système politique américain. Ils se sont ainsi rendu compte que l'argent permettait d'exercer une influence considérable au niveau des Etats. Ils ont alors développé une énorme énergie au sein des organes législatifs des Etats, de l'ALEC, et d'autres groupes du même genre.

- Marty : Vous avez parlé de Richard Mellon Scaife, et je me rappelle qu'au temps du mandat du président Clinton, Hillary Clinton parlait de la « grande conspiration de la droite ». Elle disait que ni elle ni son mari « ne se feraient avoir ». Pour moi, ce nom, Richard Mellon Scaife, me ramène aux années 1990.

- Jane : On peut dire qu'il a été à l'origine de pas mal de choses, comme le « projet Arkansas », publié dans le journal *American Spectator*, à l'époque où il déterrait les anciennes relations de Clinton, ou suscitait des scandales à son propos. Le chapitre sur Richard Mellon Scaife est drôle quand vous le lisez, il a une vie amoureuse plutôt bien remplie. Il enchaînait les filles. Afin d'éviter une assignation à comparaître, l'une de ces filles dut sortir de la maison enroulée dans un tapis qui la dissimulait aux regards… Richard Mellon Scaife n'avait pas vraiment une vie de moine ! Il mènera la charge contre les Clinton, mais n'aura aucune influence réelle sur cet épisode.

Hillary Clinton a fait cette déclaration à l'époque, mais je pense qu'elle ne prononcerait plus ces mots aujourd'hui. Même si, dans mon livre, je cite Karl Rove, l'un des grands pontes Républicains, qui déclare que « les gens nous appellent *la grande conspiration de la droite*… En fait, nous ne sommes qu'une partie de cette grande conspiration de la droite…mais on s'améliore ». Et cela juste après l'adoption de l'arrêt défendu par la fondation *Citizens United*.

Le Tea Party

- Marty : Vous notez une chose intéressante à propos du *Tea Party*, que l'on décrit souvent comme une organisation à base populaire. Les gens étaient très en colère après le sauvetage des banques, d'où la naissance du *Tea Party*. Il n'y a pas une sorte de mythe autour de la création du *Tea Party* ?

- Jane : Eh bien, en fait, beaucoup d'argent est injecté dans le *Tea Party* pour l'organiser, avancer les frais et entraîner les gens à provoquer du désordre, ces personnes formées à perturber les assemblées locales… il faut savoir que pendant des années l'Organisation Koch, en particulier, s'est efforcée de susciter l'opposition du *Tea Party* contre les impôts. C'était en gros le projet-phare pendant des années, jusqu'à ce qu'Obama soit élu et qu'advienne le marasme économique de 2008. Alors, ils se sont servi de ce contexte pour jeter de l'huile sur le feu.

- Marty : Est-ce qu'il est avéré que les frères Koch ont soutenu le TARP[2] ? Enfin, j'imagine qu'ils étaient à la fois pour et contre, non ?

- Jane : Eh oui, c'est l'ironie. Les gens pensent : « Oh, cool, ils sont contre le gouvernement et ce sont des vrais libéraux ». En fait, pendant qu'ils se positionnaient publiquement contre le sauvetage des banques, au dernier moment, avec leur groupe *Americans for Prosperity*, ils ont retourné leur veste. Quand la bourse a dégringolé, et qu'ils ont compris qu'ils allaient perdre beaucoup d'argent, ils ont décidé de rejoindre discrètement la ligne politique des Républicains et se sont déclarés pour le sauvetage des banques et le TARP.

+

Une journaliste qui dérange

- Marty : Jane, pendant que vous écriviez ce livre, ce qui vous a pris pas loin de cinq années, vous avez fait l'objet d'une enquête diligentée par les frères Koch ou par un groupe ayant des liens informels avec les frères Koch, n'est-ce-pas ?

---

[2] Il s'agit du *Troubled Asset Relief Program*, mis en place par le gouvernement fédéral pour soutenir les banques en difficulté, à l'instar de ce qui s'est fait dans de nombreux autres pays.

- Jane : Oui, c'est exact. C'est une expérience de plus dans ma longue carrière de journaliste ! J'ai couvert pas mal de choses comme les querelles à la maison Blanche sous le président Reagan, ou les affaires de la CIA, mais je ne m'étais jamais trouvée soumise à une enquête privée jusqu'à ce que je travaille sur les frères Koch. J'ai écrit un article assez fourni sur eux dans le *New Yorker*, en 2010, et ils n'ont pas apprécié. Ils n'ont rien trouvé à y redire, puisque tout était juste ! Ils n'ont tout simplement pas aimé l'essentiel de l'article : je les décrivais comme les très discrets donateurs de l'opposition à Obama. Ils ont alors commencé à s'en prendre à moi. La plupart de leurs lieutenants à Washington, que j'ai nommés dans mon livre, se sont mis à enquêter sur moi. Finalement, j'ai pu comprendre ce qui se tramait : une source m'a déclaré qu'ils cherchaient tout ce qui pouvait permettre de me rouler dans la boue et que s'ils…

- Marty : … C'est bien une citation ?

- Jane : Oui ! Et que s'ils ne trouvaient rien, ils inventeraient ce qu'il faudrait. Ils travaillaient avec un bureau de détectives privés de New-York, dirigé par un ancien commissaire de la police new-yorkaise, Howard Safir, dont le fils, Adam, y travaillait aussi. Finalement, ils ont fouillé dans mes anciennes relations, des choses dans ce genre, et ils se sont pointés avec un dossier qu'ils ont fait passer à deux journaux conservateurs, le *New York Post* et le *Daily Caller*. Ils espéraient que des histoires sur moi traînaient chez eux, et m'ont accusée de plagiat.

On a eu des échos de ces manœuvres, de la part- même du *New Yorker,* moins de vingt-quatre heures avant que ces organisations soient en mesure d'imprimer leur histoire qui, selon eux, allait sûrement me mettre à genoux. J'ai passé la nuit à cogiter. Je me disais que… j'étais en train de me faire avoir. Et je pensais « Mon Dieu, c'est ridicule... ». J'avais bien compris, depuis le temps que je couvrais les affaires politiques, que « Qui ne dit mot consent », mais que, dans le même temps, si je protestais, si je disais que tout cela n'était pas vrai, les gens penseraient qu'il y avait anguille sous roche. Mais je réussis rapidement à entrer en contact avec les personnes que j'étais censée avoir plagiées.

Toutes m'ont admirablement soutenue, en s'exprimant en public, et en démontrant la fausseté de ces accusations. Quand j'ai eu ces déclarations en ma possession, je les ai envoyées à ces journaux, qui ont alors dû faire volte-face, et renoncer à déballer leur histoire. J'ai réalisé que j'avais eu affaire à une volonté délibérée de me mettre à terre. En un sens, c'était presque flatteur : pour un reporter, après tant de travail, récolter autant de problèmes ! Mais j'ai également réalisé, quand j'ai commencé à travailler un peu plus sérieusement sur les Koch, que j'étais vraiment toute seule. Pendant des années, ils ont engagé des détectives privés. Ils ont une fortune immense. Ils peuvent utiliser n'importe quelle méthode pour avoir ce qu'ils veulent, et il suffit que l'un d'entre eux fouille dans la vie d'un opposant pour l'empêcher de nuire.

Si vous suivez l'histoire des procès dans lesquels les frères Koch ont été impliqués, vous verrez que chacun d'eux est entouré de détectives privés qui se cherchent mutuellement des poux dans la tête. Chacun farfouille dans les histoires des autres. C'est un groupe où on joue gros... et cogne dur !

Les libertariens contre Obama

- Marty : Il faut que l'on passe la parole à des auditeurs... Vous avez parlé du Président Obama. On peut dire que son élection, en 2008, et son discours inaugural, en 2009, ont constitué un véritable tournant... Si ma mémoire est bonne, il y a eu un meeting, à peu près en même temps, organisé contre le Président ?

- Jane : Exact, et c'est extraordinaire... la plupart des gens avaient les yeux braqués sur Washington, qui était le lieu où l'on investissait un Noir à la Présidence, avec tout le battage et l'excitation qui allaient avec. Et de l'autre côté du pays, un meeting privé avait lieu ; un meeting très discret, où les Koch et les donateurs de leur groupe se réunissaient pour savoir comment stopper Obama et sa politique. C'était un petit groupe, comment pouvaient-ils invalider les résultats de cette élection ? Ils se sont réunis de façon à ce que rien ne filtre. Ils se sont rassemblés deux fois dans l'année. Et ils ne divulgueront pas les noms des donateurs avec qui ils travaillent.
Ils les appellent des « investisseurs ». Ce sont comme des machines à bruit sourd, qui se rassemblent loin du public : personne ne peut prêter une oreille indiscrète à leurs réunions, dont les participants ne doivent absolument rien dire ou

écrire… C'est vraiment une chose étrange, cela : ce processus secret qui cherche à étendre son influence dans notre démocratie.

- Marty : On ne vous a pas laissée parler directement aux frères Koch ?

- Jane : Non, pas à Charles et David, c'est vrai. Ils ont refusé plusieurs fois. J'espère qu'un jour ils m'accorderont une interview. J'adorerais qu'eux-mêmes m'en disent plus sur eux.

Le double jeu des libertariens

- Marty : On va prendre des auditeurs… et nous avons Karen, qui nous appelle depuis Cherry Hill. Salut Karen. Vous êtes sur *Radio Times*, on vous écoute.

- Karen : Jane, je suis une de vos anciennes camarades de classe et j'ai entendu parler de votre excellent travail. J'ai suivi de très près votre carrière et je suis très fière de vous.

- Jane : Eh bien, c'est très gentil. Merci beaucoup.

- Karen : Votre livre est génial. Vous avez répondu à ma première question : je voulais savoir si vous aviez subi des représailles. Donc je me demandais… savez-vous si des élus ont été influencés par les frères Koch, et si oui, quelles ont été leurs réactions ?

- Marty : Merci Karen… Merci d'avoir appelé *Radio Times*. Jane, on vous écoute.

- Jane : Eh bien, j'ai interviewé beaucoup d'élus qui ont été brisés quand ils sont devenus la cible des frères Koch. Et il faut noter que la plupart d'entre eux sont des centristes. Ce que ce groupe est en train de faire, c'est de pousser les politiques aux extrêmes, ce qui leur permet d'évacuer les centristes, les Démocrates, les Démocrates conservateurs et souvent les Républicains modérés. Ces élus se sentaient très abattus.

- Marty : Karen, merci de votre appel. Et on accueille Eugène, de Quakertown. Eugène, on vous écoute.

- Eugène : Je serais curieux de savoir de ce que vous pensez de l'intérêt porté par les frères Koch à la réforme du système pénitentiaire et de la justice criminelle, et comment tout cela colle à leur programme pour influencer la politique américaine selon leurs désirs.

- Marty : Oui, Eugène, c'est une excellente question : ils travaillent en plus avec l'*ACLU*, parmi tant d'autres groupes…

- Jane : Avec Van-Jones et cette espèce de coalition bipartisane qui s'appelle La Coalition pour la Sécurité Publique (The Coalition for Public Safety), oui. Si on se représente la politique américaine selon un diagramme de Venn, on peut remarquer un chevauchement entre les libéraux et les libertariens. Sur des sujets comme la réforme de la justice criminelle, Van-Jones est résolument antiétatique.

J'ai écrit récemment un article là-dessus dans le *New Yorker*. Le travail des Koch à propos de la réforme de la justice criminelle a consisté, jusqu'en 2014, à faire stopper les procédures intentées par le Département de la Justice contre leurs compagnies, qui étaient inculpées de crimes contre l'environnement. Ils investissaient de l'argent pour repousser les procédures criminelles des cols blancs. Mais en 2014, ils ont changé de stratégie.

C'est après avoir conduit pas mal d'études de marché. Quand ils ont perdu les élections de 2012, avec Mitt Romney, ils sont revenus à la case départ.

Ils ont alors fait une espèce de grand brainstorming pour savoir ce qui n'avait pas fonctionné. Ils en ont conclu, comme je l'ai entendu dans les enregistrements, que le public les voyait comme des gens cupides, et que pour relancer leur popularité, ils devaient davantage se soucier des autres, montrer de la compassion, et plus particulièrement envers les pauvres. Ils ont alors rejoint la bannière de la réforme de la justice criminelle, et ont placé leur argent dans la défense des pauvres et la réduction des peines prononcées contre les toxicomanes.

- Marty : C'est une campagne de relations publiques, où ils embobinent l'ACLU (*American Civil Liberties Union*) et les autres, ou alors c'est juste pour paraître convenables ?

- Jane : Encore une fois, c'est une des choses qu'ils peuvent faire quand ils trouvent un terrain commun. Ils jouent serré dans ce registre, pour qu'on voie qu'ils ont de la compassion. Dans ce cas, c'est quelque chose à laquelle ils croient, mais c'est un tout petit éventail de ce qu'ils croient vraiment. Ce qu'ils veulent, on le sait depuis 1980, quand Charles Koch voulait se débarrasser du SEC (*Security and Exchange Commission*), du FEC (*Federal Election Commission*), de la CIA, du FBI, de l'IR ... c'est être à l'abri de toutes les amendes punissant les crimes environnementaux. C'est cela, leur véritable objectif. On n'en a encore vu qu'une petite partie, qui est déjà conséquente. Mais ce n'est certainement pas... leur objectif principal.

- Marty : C'est vrai, et selon l'EPA (*Environment Protection Agency*), les Industries Koch sont en tête des producteurs de produits toxiques du pays.

- Jane : C'est exact, et les Industries Koch ont la palme des problèmes environnementaux. C'est l'une des trois entreprises qui ont constamment été dans le top 30 de toutes les pollutions possibles (air, eau, climat), selon les statistiques de l'EPA. L'Université du Massachusetts Amherst étudie cette situation. Leurs problèmes environnementaux leur coûtent très cher, et c'est pourquoi ils veulent réduire les poursuites judiciaires à ce sujet.

- Marty : On a un tweet de Faddiest : « Quels sont les rapports entre l'industrie de la défense et les frères Koch ? Leur libéralisme s'arrête-t-il à la frontière ? ».

- Jane : En tant que libéraux, ils ont pour tradition d'être antimilitaristes, mais en même temps, ils ont des contrats mirobolants avec la Défense, essentiellement dans la fourniture d'uniformes, des choses comme ça. C'est intéressant car ils s'affichent, d'un côté, comme des puristes au niveau idéologique, mais d'un autre côté, si on regarde plus attentivement, ils sont très pragmatiques et ont les yeux rivés sur leur business. Quand c'est bon pour leur business, ils savent prendre le chemin qu'il faut.

Les libertariens et les élections de 2016

- Marty : On peut s'intéresser au fait qu'ils ont déclaré vouloir dépenser quelque chose comme 900 millions de dollars dans les élections ou dans les questions de campagne électorale, qu'ils visent manifestement la Maison Blanche, ou bien le Congrès, et sans doute quelques gouvernements dans les Etats. Ici, on a deux candidats, du moins deux leaders, qui ont gagné le New-Hampshire mais qui lorgnent sur Donald Trump, Bernie Sanders... Egalement, par rapport à cette question de l'argent... Donald Trump n'a pas besoin de l'argent des autres... il en a déjà assez à lui seul ! Bernie Sanders a pu financer sa campagne grâce à la générosité des gens qui lui envoyaient 30$, par exemple. Est-ce que ça ne met pas la pagaille dans les plans imaginés par les frères Koch pour le pays ?

- Jane : Oui, je pense que c'est le cas. Dans une certaine mesure, ce qui est intéressant, c'est cette dynamique qui a propulsé Bernie Sanders et Trump : les gens étaient dégoûtés à l'idée de voir le gouvernement aux mains d'un groupe privé... d'une petite poignée des gens les plus riches du pays, avec de gros intérêts privés. Quelle que soit votre politique dans ce pays, je pense que personne n'aime l'idée que le prochain Président soit choisi par 400 riches qui lui dicteront leur politique. Je pense qu'on peut observer une réaction contre l'argent qui coule à flot de *Citizens United* et de ces donateurs privés, qui essayent coûte que coûte de manipuler le résultat des élections. Cela dit, nous sommes loin du jour des élections.

- Marty : En effet.

- Jane : Nous verrons bien… mais je ne serais pas surprise si, d'une manière ou d'une autre, les candidats conventionnels soutenus par les gros donateurs, comme les Koch, revenaient sur le devant de la scène.

- Marty : Des candidats conventionnels… comme Cruz ?

- Jane : Tous les grands candidats Républicains à la présidence autres que Trump sont allés quémander de l'argent aux Koch, sont allés à leurs meetings et ont demandé leur soutien. Ils veulent tous de leur argent. Trump, lui, se moque bien d'eux ! Il les appelle « des marionnettes ». Ce qui s'est passé récemment est intéressant, car il y a quelques semaines on a vu le groupe Koch se réunir, pour savoir s'il fallait dépenser de l'argent pour contrer Trump.

- Marty : Intéressant !

- Jane : Je pense qu'il pourra se défendre contre eux si jamais ils le font, nous verrons…

- Marty : Vous avez une histoire intéressante à propos de John Boehner, le président de la Chambre des Représentants, à majorité républicaine. Cela se passe au moment où se profile à l'horizon le défaut de paiement du Congrès. John Boehner est un poulain de David, ou bien de Charles ?

- Jane : De David. C'est en effet une petite anecdote qui montre l'extraordinaire ascendant que les frères Koch ont pris sur le Congrès américain. En 2010, leur argent a aidé à l'élection au Congrès de beaucoup de membres du *Tea Party*. Et ensuite, quand Boehner a eu des problèmes à les tenir en laisse, lui, le président de la Chambre des Représentants, s'est envolé pour New-York, et s'est rendu au cabinet d'affaires de David Koch à New-York City pour lui dire : « S'il-vous-plaît, rappelez vos chiens. Pouvez-vous gardez vos gars en laisse ? » Voilà où en est leur puissance ! Je trouve aberrant qu'un simple citoyen puisse avoir une telle influence.

- Marty : On parlait de leur soutien, je veux parler des membres du *Tea Party* qui ont en fait baver à Boehner.

- Jane : C'est vrai, et beaucoup d'entre eux ont pris leurs distances avec l'Organisation Koch, quitte à se passer de leur contribution à leur campagne électorale. C'est clair… A tous les niveaux, 2010 a parfaitement révélé l'influence de cette organisation parce qu'ils ont réussi à rester invisibles aux yeux de la Maison Blanche et d'Obama, qui ne se sont vraiment aperçus de rien. Ils n'ont rien vu venir. L'argent était juste là… de l'argent opaque, manipulé en coulisses, par ces organisations de bien-être social qui ne divulguent pas l'identité de leurs donateurs, et qui donnent un sacré coup de pouce à leurs nouveaux membres... les Républicains ont emporté 675 sièges dans les législatures étatiques, et détiennent la majorité à la Chambre des Représentants !

Ça a laissé les mains libres aux Républicains pour redessiner les districts en 2010, et quand vous faites ça, vous avez une idée derrière la tête. Ils ont redessiné les districts de manière à favoriser leurs candidats. En bricolant le découpage des districts, ils ont pu ramener plus de Républicains au Congrès – c'est très malin.

- Marty : Eh bien, c'est sur ces mots que nous allons nous quitter, merci d'avoir été avec nous sur *Radio Times*, Jane.

- Jane : J'ai été ravie d'être ici.

- Marty : J'étais heureux de recevoir Jane Mayer, rédactrice attitrée au NewYorker, pour parler de son nouveau livre, dont je rappelle le titre, il s'agit de *Dark Money : Milliardaires et Extrême-droite, l'histoire cachée.*

Dark Money, de Jane Mayer
Résumé et analyse

Aperçu critique

Dark Money est un ouvrage politique très documenté, qui s'attache à dresser le portrait des riches donateurs qui ont contribué à fonder les organisations libertariennes. L'auteur se focalise particulièrement sur les frères David et Charles Koch, qui, avec leurs deux autres frères, ont été éduqués par des parents convaincus des bienfaits du capitalisme et du libre-échange, et très méfiants envers tout ce qui pouvait s'apparenter, de près ou de loin, au communisme.

Les quatre frères Koch ont hérité de parts de sociétés de leur père, lequel a fait fortune dans le pétrole. Plus tard, David et Charles ont réussi à racheter les parts que détenaient leurs deux autres frères au sein de la compagnie.

C'est à la fin des années 1970 que Charles Koch a commencé à mettre en place des mouvements politiques libertariens, et c'est sous cette étiquette de libertarien que David Koch a été candidat à l'élection présidentielle de 1979. Par la suite, les deux frères ont été rejoints par de nouvelles recrues, *businessmen* fortunés, et ont alors mis sur pied un certain nombre de fondations, d'organisations ou de grandes associations privées, financées pour soutenir les idées libertariennes.

Les deux frères Koch ont également collaboré à la création et au soutien, au sein des universités américaines, de programmes éducatifs financés par les détenteurs de capitaux. Désespérés par les textes régissant la santé et la sécurité au travail, ils bataillaient ferme contre les législateurs qui soutenaient que leur business nuisait à la santé de leurs employés, lesquels étaient exposés à des contaminants aussi dangereux que le mercure. Cela finissait par aboutir à des arrangements portant sur des millions de dollars.

Avec le temps, l'influence des fondations Koch et de leur réseau de donateurs a pris de plus en plus d'importance. En 1986, les groupes fondés par le réseau des frères Koch ont commencé à investir davantage d'argent dans les campagnes politiques, et à s'afficher au grand jour. Dans les années 2000, ce genre d'agissements a ainsi permis au réseau des frères Koch d'entrer en contact avec les groupes soutenant le *Tea Party*, dont ils ont encouragé les militants à adopter des positions libertaires sur le sujet de la santé et de l'environnement. Pour ce faire, ils utilisaient des groupes citoyens, financés par des donateurs anonymes, sous couvert d'organisations et de comités d'action politique.

Ainsi, les activistes du réseau Koch sont résolument et régulièrement engagés dans des campagnes de désinformation et d'intimidation de l'opinion publique, notamment au sujet du réchauffement climatique, ou encore des politiques de santé publique du Président Obama.

En 2010, des arrêts de la Cour Suprême ont autorisé, sous certaines conditions, le financement non plafonné des campagnes électorales par les entreprises. De fait, les élections de mi-mandat suivantes ont permis d'assister concomitamment, chez les ultra-conservateurs, à un afflux massif de capitaux... et à des victoires inattendues. L'influence de ces donations a été particulièrement évidente au regard des prises de position et des stratégies adoptées par les candidats Républicains, de plus en plus tournées, désormais, quitte de leur part à pratiquer le double-langage ou à changer résolument d'orientation, vers le scepticisme climatique. Cependant, personne, parmi ces donateurs, n'a été capable de prévoir en 2008 l'élection du premier président noir américain des États-Unis, pas plus que sa réélection en 2012, et la loi d'Obama sur la réforme de l'assurance-maladie les a surpris tout autant.

C'est pour cela que certains conseillers des frères Koch recommandent désormais aux donateurs et organisations du mouvement libertarien de présenter leurs thèses sous un jour plus « social ».

C'est quand le réseau Koch a coupé ses financements au parti Républicain qu'on a compris que leurs campagnes électorales relevaient du double-jeu.

Liste des personnalités citées dans l'ouvrage

- Jane Mayer

Rédactrice attitrée au New Yorker, elle devient rapidement journaliste d'investigation. Elle a principalement travaillé sur l'influence déterminante des Américains les plus fortunés sur la politique des États-Unis.

- David Koch

Président du conseil, président de filiale et copropriétaire de *Koch Industries Inc.*, David s'est engagé avec ferveur dans des groupes militants d'extrême-droite et libertariens. En 1979, il se présente à la présidentielle américaine sous l'étiquette du Parti Libertaire.

- Charles Koch

Administrateur Général, président, et copropriétaire de *Koch Industries Inc.* Comme son frère David, résolument engagé dans des groupes militants d'extrême-droite et libertariens.

- Richard Mellon Scaife :

Milliardaire qui utilise les donations faites à ses fondations privées pour financer les partisans d'orientations politiques d'extrême-droite, il est également membre du comité exécutif de *Koch Industries Inc.* et du conseil d'administration d'un certain nombre de fondations, instituts et centres créés par les frères Koch.

- James Art Pope

Milliardaire ayant fait fortune dans le commerce, il a financé de nombreuses campagnes législatives. Artisan majeur du redécoupage des circonscriptions en Caroline du Nord et de la prise du pouvoir législatif par les Républicains, il a réussi à devenir directeur du budget de l'État. C'est lui qui est donc en charge des budgets pour la protection de l'environnement et de l'éducation publique. Associé des frères Koch en Caroline du Nord, il a diligenté l'éradication des cours sur le libéralisme à l'Université de Caroline du Nord.

- Barack Obama

44ème président des Etats-Unis d'Amérique, et premier président noir du pays. Sénateur de l'Illinois avant d'être élu président.

- John M. Olin

Président de *Olin Industries Inc.*, il a exercé une influence notable sur les cours de libéralisme et de libre-échange dispensés au sein de nombreuses institutions académiques.

- Hillary Clinton

Députée, sénatrice et secrétaire d'État, candidate Démocrate à l'élection présidentielle américaine de 2016.

- Richard M. DeVos

Homme d'affaires américain, cofondateur d'*Amway*, devenue *Alticor* après sa restructuration en 2000. Classé en 2012 par Forbes Magazine au 205ème rang des personnes les plus riches du monde, et au 60ème rang pour les Etats-Unis. Devenu un des contributeurs importants du mouvement libertarien et des groupes d'extrême-droite.

Résumé et analyse thématique

Thème principal 1

Dark Money commence par le récit de l'histoire des frères Koch, et principalement celle de Charles et de David, considérés comme les véritables pilotes des partis et des groupes libertariens d'extrême-droite. Comme leurs autres collègues contributeurs, les frères Koch ont hérité des affaires et de la fortune de leur père, après avoir reçu dans leur enfance une éducation qui leur a inculqué une profonde aversion pour les taxes, la régulation, ou les programmes sociaux.

De même, James A Pope et Richard M. Scaife ont été élevés par leurs parents dans l'esprit du capitalisme de libre-échange : dissimulation des revenus du business familial, et défiance constante à l'égard du gouvernement, accusé de vouloir leur voler une partie de leur héritage. La principale motivation qui les a conduits à fonder des compagnies privées fut d'esquiver taxes et impôts autant que faire se pouvait.

Il peut paraître tout à fait illogique que les thèses de ces riches donateurs des groupes d'extrême-droite libertariens puissent trouver un écho chez les citoyens ordinaires. La majorité de ces donateurs sont nés avec une cuillère en argent dans la bouche, et ces privilégiés n'ont créé par la suite aucun business *ex nihilo*, ce qui devrait empêcher les gens ordinaires de pouvoir s'identifier à eux.

C'est pour cela que les idéologues du libre-échange commencent par expliquer que les interventions du gouvernement réduisent les possibilités pour chaque citoyen de créer et d'accumuler de la richesse, avant d'ajouter que les mesures gouvernementales de régulation empêchent l'émergence et l'épanouissement de l'individu dans la hiérarchie des classes sociales. C'est là une idée très parlante pour quiconque n'est pas né ou n'a pas été élevé dans un milieu social aisé.

Ces idées sont utilisées pour persuader l'opinion publique de soutenir les candidats favorables aux intérêts du libre-échange et de l'extrême-droite ; de fait, surtout aux droits des plus riches, car la mise en œuvre politique des thèses libertariennes permet de sécuriser les richesses des donateurs les plus aisés, qu'ils pourront à leur tour transmettre à leurs enfants. La grande astuce de ces idéologues est d'associer ces droits, réservés à quelques-uns, au concept même de liberté, et à la défense de la liberté de chacun de pouvoir se rassembler, parler et pratiquer sa religion.

Ces riches donateurs – parmi lesquels on trouve les frères Koch – s'opposent donc aux taxes sur l'héritage. D'autre part, ils ne réinvestissent jamais leurs bénéfices dans les communes où sont implantées leurs usines, et dont les habitants ne profitent donc pas des retombées économiques que permettrait une industrie plus soucieuse du développement local.

Thème principal 2

La stratégie des libertariens et des groupes d'extrême-droite utilise donc la désinformation pour dissimuler les utilisations politiques de l'argent qu'ils feignent de dépenser à des fins charitables. Ces généreux donateurs disent être du même côté que les simples citoyens, au service honnête du bien-être commun, alors que leur argent finit souvent par servir les intérêts privés de ces mêmes donateurs.

De même, les militants des groupes d'extrême-droite conseillent aux donateurs de rester discrets quant aux bénéfices qu'ils peuvent retirer des politiques qu'eux et leurs organisations soutiennent. On leur conseille d'expliquer plutôt pourquoi et comment le libre-échange est en phase avec la liberté d'expression, la croissance économique et la protection des plus défavorisés.

Les donations, sous couvert de philanthropisme ou de charité, sont donc effectuées par des fondations privées qui agissent dans leur seul intérêt, et dont l'argent soutient les programmes économiques favorables au libre-échange, ce qui leur donne, *in fine*, plus de pouvoir.

Ainsi, les riches donateurs exercent-ils une puissante influence sur les politiques, dont la fortune personnelle est préservée grâce aux contributions reçues pour leurs campagnes électorales. Ces riches contributeurs détiennent également le pouvoir de leur vote personnel propre, qui leur permet de faire élire des gens à leur main, mais ces votes ont peu d'importance comparés à ceux des classes moyennes ou défavorisées, car ils ne peuvent être utilisés que dans la circonscription où ils sont inscrits, et qu'ils n'ont qu'une faible influence sur la répartition des sièges dans les assemblées fédérales ou nationales.

Influencer une élection nécessite de pouvoir investir des districts électoralement intéressants, et évoluer dans différents milieux, parmi des gens pouvant appartenir à des partis politiques, des classes sociales ou des groupes démographiques très différents. Les thèses qui sont mises en avant pour susciter le vote favorable des électeurs jouent donc sur un double registre : la volonté affichée de s'attaquer aux inégalités sociales et financières doit séduire les catégories les moins aisées, alors que celle de s'attaquer aux taxes s'adresse évidemment aux plus riches.

C'est ainsi que les libertariens parviennent à séduire l'électorat de la classe moyenne : en faisant passer pour conciliables des thèses qui profitent exclusivement aux riches et d'autres qui touchent tout un chacun. C'est ce que parviennent à faire les donateurs des groupes libertariens, qui associent pratiques charitables, éloge du libre-échange et propositions de solutions politiques aux problèmes des plus défavorisés.

Thème principal 3

Pourquoi les contributeurs de l'extrême-droite dissimulent-ils leur identité lorsqu'ils investissent dans une cause politique ? Pour plusieurs raisons, dont la principale est la sauvegarde des intérêts des donateurs, qui sont ramifiés à l'extrême : la corruption se déguise ainsi derrière la multiplicité des opérations financières.

Pour dissimuler les véritables objectifs de leurs contributions, les donateurs agissent toujours anonymement, et se débrouillent pour faire apparaître leurs « dons » comme des opérations financières. C'est ainsi que les entreprises de l'énergie, notamment, ont arrêté de participer aux comités politiques en leur nom propre, et injectent de l'argent via des fonds de donateurs inidentifiables. Rien à voir, de fait, avec les procédés de la corruption traditionnelle.

Aux yeux du grand public et des gens peu concernés par la politique, la forme la plus simple de corruption est en effet celle du pot-de-vin : un citoyen riche paye un politique afin d'obtenir un retour d'ascenseur. C'est le cas, par exemple, pour le vote d'une loi qui générerait plus de bénéfices pour le financeur. Ce genre de pratique repose sur un accord entre les deux parties et passe par une communication directe.

Un des cas les plus connus de ce genre de corruption est celui concernant l'affaire « Abscan Corruption Investigations », qui, dans les années 1970, a abouti à la condamnation de douze officiels américains. Des agents du FBI avaient trempé dans ce scandale, en aidant des cheikhs arabes qui demandaient un statut de résident. Les officiels des services de l'immigration impliqués dans l'affaire avaient reçu chacun des pots-de-vin d'environ 50.000 $.

De nos jours, il faut des millions de dollars pour espérer avoir de l'influence sur des législateurs ou des politiques : alors, plutôt que de verser des pots-de-vin, on « conseille ». Les rendez-vous en tête-à-tête entre donateurs, groupes de pression de l'extrême-droite, fondations libertariennes et participants aux meetings politiques ont lieu tous les jours, mais ceux qui versent de l'argent via les comités d'action politique ne sont pas considérés comme des personnes agissant dans leur propre intérêt.

Ainsi, les candidats aux élections paraissent suivre les conseils d'une institution lambda, et non pas être à la botte de quelques riches personnalités mues par des intérêts personnels. Voilà comment ces pratiques permettent de contourner les risques présentés par les transactions directes, qui obligent les donateurs, personnes physiques ou morales, à se dévoiler au grand jour : on échappe ainsi à la suspicion de corruption,

Thème principal 4

Après s'être posé la question de savoir pourquoi les chefs d'entreprises impliqués dans les groupes libertariens et d'extrême-droite demandent au gouvernement le minimum de régulations dans les investissements, la santé et la sécurité, Mayer jette une lumière nouvelle sur les conditions de santé et de sécurité des personnels travaillant au sein-même des entreprises appartenant à ces donateurs, où les violations répétées des règlements en vigueur ont à long terme un impact considérable sur leur santé.

Les frères Koch sont connus depuis longtemps pour leur opposition radicale aux régulations au sein des entreprises de l'énergie. Cela n'est pas surprenant, dans la mesure où la plupart de leurs filiales sont responsables de nombreuses violations de règlements concernant la santé et la sécurité, notamment en ce qui concerne les émissions de benzène au sein de leurs usines, délibérément occultées par eux. D'autres entreprises que l'on sait avoir des relations avec les frères Koch et d'autres riches contributeurs d'extrême-droite sont également bien connues pour les expositions aux émissions de mercure qu'elles infligent à leurs employés, dans la discrétion la plus totale.

C'est pour cela que les donateurs issus de telles entreprises luttent activement contre les régulations environnementales en place, tâchent de nier la réalité du changement climatique, et financent les groupes d'intérêts de l'extrême-droite et les candidats aux élections favorables à leurs thèses.

L'opposition des frères Koch aux régulations qui pourraient avoir des conséquences fâcheuses sur leur business ainsi que sur celui de leurs contributeurs passe également par le contournement des obligations découlant de ces régulations. On retrouve ici l'idéologie propagée par l'industrie des investissements bancaires, en ce qui concerne par exemple le

Glass-Steagall-Act. Cette loi, adoptée en 1933 suite au krach boursier de 1929, renforçait en effet la séparation au sein des banques entre activités commerciales et activités d'investissement, et cela afin de protéger les consommateurs. Après la Grande Dépression des années 30, elle fut encore durcie : elle imposa la division des services commerciaux proposés par les banques en deux branches distinctes, prêts d'un côté et dépôts de l'autre, et s'attacha à protéger les clients des banques investissant dans des opérations risquées qui ne disposaient pas jusqu'alors des garanties gouvernementales.

En 1999, ces régulations, graduellement affaiblies du fait des efforts des libertariens, ont fini par être totalement abolies. Et c'est ainsi que huit ans plus tard, les investissements à risque dans le domaine bancaire ont conduit à la récession et à la crise de l'immobilier que l'on a connues. Les règles du *Glass-Steagall Act*, devinrent lettre morte, et aucune autre législation similaire ne put être jamais votée par la suite.

Or, bien qu'on ait partout reconnu le rôle néfaste joué par les banques lors de la fameuse crise financière de 2007, celles-ci se sont toujours farouchement opposées à la réintroduction des régulations.

Cet exemple du *Glass-Steagall Act* permet à Mayer d'expliquer pourquoi les militants d'extrême-droite et les partis libertariens défendent le capitalisme de libre-échange. L'essence même de leur activisme est la protection – indirecte – des intérêts des riches donateurs.

Thème principal 5

L'argent dépensé par les tenants de l'extrême-droite et du libertarianisme ne doit pas arriver directement dans l'escarcelle des politiques, et cela d'autant plus qu'il a un impact considérable sur les positions et les décisions de ces derniers. Les donateurs et contributeurs bénéficient en effet - indirectement – des décisions de ces politiques une fois que ceux-ci ont été élus au Congrès.

C'est ainsi que les Républicains ont considérablement droitisé leurs positions depuis l'augmentation des contributions et donations des comités de partis, des campagnes de comités privés à but non-lucratif et des fondations. Ce changement dans la ligne des Républicains les fait désormais coller étroitement à l'idéologie « business-friendly ».

C'est le même phénomène qui est à la base de la popularité croissante d'un mouvement comme le *Tea Party*, et non pas une mobilisation spontanée des couches populaires. Ceux qui ont tiré des bénéfices des contributions des libertariens ont renvoyé l'ascenseur en se faisant élire sur des thèmes comme la réforme des taxes, la négation du changement climatique et la régulation de l'industrie.

C'est ainsi qu'en 2012, en Caroline du Nord, un décret, puis une loi, portés par un représentant Républicain dont les principaux contributeurs représentaient des intérêts immobiliers, ont permis d'étouffer les déclarations de scientifiques employés par l'Etat qui faisaient état de perspectives catastrophiques sur la montée des eaux des océans liée au changement climatique.

La préoccupation majeure des Etats côtiers est en effet la préparation à d'éventuels effets du changement climatique sur le tracé de leurs côtes ; mais quelques élus de Caroline du Nord ont tout bonnement fait disparaître les résultats des recherches scientifiques sur ce sujet. Les universitaires préconisent en effet de réduire le développement des constructions immobilières sur les côtes, alors que les promoteurs immobiliers ont plutôt intérêt à voir conservée la valeur des propriétés foncières du littoral : ils se sont donc opposés aux recommandations des scientifiques qui empêcheraient ces ressources foncières d'être exploitées ou qui en auraient réduit la valeur.

Ainsi, alors que personne ne peut réellement prouver que les contributeurs et les donateurs de ces partis ont corrompu les institutions officielles, l'influence de ces contributeurs est certainement à l'origine de la plupart des décisions récentes prises par le gouvernement de la Caroline du nord.

Mayer apporte ainsi la preuve que les contributions des riches businessmen d'extrême-droite au financement des campagnes électorales servent de fait les intérêts des parties en accord, au mépris absolu de l'intérêt général.

Thème principal 6

Comment les militants de l'extrême-droite diffusent-ils leurs idées en direction du grand public ? Il s'agit d'abord pour eux d'endoctriner les jeunes étudiants, en intervenant dans les programmes-mêmes des centres d'enseignement, des instituts et des universités.

Les contributeurs d'extrême-droite ont reçu de leurs parents une éducation politique biaisée, et tâchent à leur tour de manipuler les étudiants inscrits dans les filières économiques et financières. C'est ainsi qu'ils soutiennent les futurs diplômés dans leur carrière et leurs recherches, en leur offrant des postes dans des centres qui leur appartiennent, et en sélectionnant les étudiants qu'ils estiment pouvoir servir au mieux leurs propres intérêts.

La réputation de respectabilité et de prestige affichée par la plupart des universités hébergeant ces centres et ces initiatives a ainsi eu pour conséquence de faire adhérer un large public à des idées jusque-là considérées comme radicales, comme celles dénonçant les conséquences négatives des interventions gouvernementales dans l'économie.

Les riches contributeurs ont ensuite décidé d'étendre leur réseau au sein des premiers cycles des universités (Collèges) et des établissements d'enseignement secondaire que sont les lycées. Il existe en effet des relations très étroites entre les responsables des Collèges et les représentants des trusts dans les universités. On peut donc désormais toucher des jeunes étudiants avant qu'ils n'aient véritablement pris conscience des enjeux économiques et financiers internationaux, et profiter ainsi de l'excellente image des Collèges auprès du grand public.

D'autre part, il est très facile d'exercer son emprise sur les lycées du fait que ces établissements sont perpétuellement en quête de financement, et ne sont pas contraints dans l'usage qu'ils peuvent faire de l'argent des donateurs.

Enfin, les étudiants ne sont pas informés a priori sur le contenu idéologique des cours qui vont leur être dispensés, et peuvent donc s'inscrire dans un cursus de libre-échange, de droit ou d'économie sans savoir que les programmes en vigueur dans leur établissement sont largement inspirés des thèses libertariennes.

En endoctrinant les élèves et les étudiants, les contributeurs peuvent ainsi manipuler l'opinion publique, qui considère toujours avec déférence les personnes issues de l'enseignement supérieur.

Thème principal 7

Comment diffuser les idées des riches contributeurs de l'extrême-droite en direction de la République Blanche et de la classe ouvrière ? En s'efforçant de paraître le plus possible « authentique ».

Avant 2010, les contributeurs de l'extrême-droite ont tenté à de nombreuses reprises de faire émerger le *White-Man's Movement* en utilisant les mêmes méthodes que celles employées avec le *Tea-Party* : alimenter le débat idéologique avec les thèses libertariennes, dissimuler l'origine des donations.

Les riches donateurs ont compris qu'une campagne libertarienne, pour paraître authentique, doit sembler émaner du peuple, et cela aussi naturellement que possible. Une telle campagne aura plus de chances de réussir qu'une campagne laissant trop apparaître l'influence des nantis. Il s'agit de paraître authentique aux yeux du grand public, ce qu'ont bien compris les pop stars et les politiques, pour qui l'authenticité est un objectif crucial, quoique difficile à atteindre.

Ainsi, dans le monde du show-biz, on dira d'une personnalité qui prétend changer d'orientation, que ce soit dans sa vie ou sa carrière, qu'elle a vendu son âme et perdu ce qui la faisait apparaître authentique aux yeux du public. Pourtant, l'inauthenticité est partout, surtout dans le domaine commercial : tout le monde sait bien que l'objectif principal de toute publicité est d'encourager les gens à dépenser.

Il est donc aisé de comprendre pourquoi les motivations des frères Koch peuvent ne pas paraître populaires aux yeux du grand public. Ils sont censés mener des campagnes populaires, alors qu'aucun citoyen de base n'a la moindre idée des conséquences de la collusion entre de tels partis et les politiques.

Associer les noms de milliardaires comme les frères Koch à ces motivations politiques lèverait le voile sur l'inauthenticité de leur démarche, puisque leurs mobiles économiques deviendraient évidents. Par exemple, la campagne anti-taxes, censée concerner tous les citoyens, a connu un énorme succès et rassemblé beaucoup de partisans : les gens n'ont pas vu, derrière tout cela, les motivations des milliardaires qui étaient à son origine.

En 2009, CNN a rapporté l'immense succès populaire des rassemblements du *Tea Party* et de la journée anti-taxes, qui ont rassemblé un public de plusieurs dizaines de milliers de personnes : les médias de droite ont alors réussi la prouesse de faire croire que les supporters de base étaient les seuls concernés par ce mouvement, en taisant les avantages recherchés par les groupes d'activistes et les milliardaires qui avaient financé ces meetings.

Thème principal 8

Mayer analyse ici l'influence sans cesse grandissante des Américains les plus riches, comme les frères Koch, influence qui a contribué à pourrir le débat politique, où se répand désormais la mode des accusations aussi fausses que viles propagées par les militants politiques.

Ces gens-là partent en effet régulièrement en croisade de désinformation et d'intimidation contre les reporters qui enquêtent sur les donateurs, les scientifiques qui alertent sur le changement climatique, ou les conseillers politiques qui ne sont pas de leur bord. Mais alors que ce sont au premier chef les riches contributeurs qui obligent les militants politiques d'extrême-droite à adopter ces stratégies de dénigrement, ces mêmes personnes parviennent à occulter leur collusion avec ces mêmes militants.

Depuis que la liberté d'expression existe aux Etats-Unis, la désinformation et les basses manœuvres en politique ont toujours fait partie du paysage : ce sont quelques-uns des inconvénients d'une Constitution démocratique.

De fait, certains individus, des politiciens, le plus souvent, seront toujours enclins à utiliser la désinformation et le mensonge pour défendre leurs intérêts personnels. Il en existe également qui se soucient peu de se faire des ennemis, si cela peut favoriser leur réussite immédiate. Ce genre de réussite peut en effet s'avérer parfois aléatoire, mais ses effets peuvent tout aussi bien durer dans le temps.

Cependant, il est hautement improbable que les frères Koch aient encouragé ou approuvé des propos racistes adressés à l'encontre du Président Obama, ou des propos sexistes à l'encontre de Nancy Pelosi, la Présidente de la Chambre des Représentants entre 2007 et 2011.

Les frères Koch ont donc compris que leur réputation dépendait de leur apparence et de leur respectabilité, et qu'ils devaient paraître vouloir servir l'intérêt général plutôt que le leur propre.

Cependant, le climat politique du pays s'est quelque peu obscurci lorsque les Koch et leurs acolytes ont commencé à désigner les militants politiques de l'establishment comme de véritables ennemis accusés d'avoir menti sciemment au grand public en présentant les taxes comme devant bénéficier à la société tout entière. Certains, comme par exemple les racistes blancs, ont trouvé là une occasion apparemment légitime de pouvoir s'attaquer à Obama.

Thème principal 9

Les règles du financement corporatif dans les campagnes politiques ont été profondément modifiées par l'arrêt de la Cour Suprême qui, en 2010, a suivi la diffusion par *Citizens United* de messages politiques trompeurs concernant Hillary Clinton : pour Mayer, en effet, c'est bien cela qui a conduit à la suppression des limitations imposées aux financements des campagnes électorales par les entreprises.

Or, avant que la Cour Suprême ne supprime ces limitations, les riches entrepreneurs avaient recours à des méthodes détournées pour exercer leur influence financière sur les politiques. Après l'arrêt de 2010, les politiques ont pu activement courtiser les puissances d'argent, malgré la règle qui impose qu'ils ne puissent pas coordonner leurs actions avec celles des comités récipiendaires des fonds collectés, ce qui a donné lieu à plusieurs transactions financières suspectes.

On a pu alors observer d'énormes contributions financières à des campagnes électorales : on avait rarement vu des candidats bénéficier de soutiens financiers aussi considérables. Cela a notamment joué pour réélire des juges et lors de nombreuses élections locales. De nos jours, comme avant 2010, les contributions que les personnes morales et physiques peuvent apporter aux politiciens sont très encadrées, et nécessairement consignées dans des dossiers librement consultables par le citoyen ordinaire. De plus, avant de faire campagne, les candidats doivent être agréés par des commissions électorales.

Avant l'arrêt de 2010, les dépenses de campagne pouvaient être abondées par d'autres sources que celle des comités d'action politique, dans la mesure où les actions de ces comités n'étaient pas coordonnées avec celles du candidat. En outre, les donateurs devaient observer les limites fixées aux financements de ces campagnes.

L'arrêt de 2010 a permis aux personnes morales (entreprises et syndicats) de financer des campagnes électorales sans avoir à se constituer en comité d'action politique. Deux mois plus tard, SpeechNOW, organisation à but non lucratif, adressa une requête à la Cour d'Appel : il s'agissait, en matière de financement électoral, de donner aux personnes physiques les mêmes droits qu'aux personnes morales. La Cour d'Appel rejeta cette requête, mais autorisa la création de ce qu'on appellerait désormais des Super Pac, qui pourraient accepter autant de contributions qu'ils le souhaitaient, tant qu'ils ne coordonneraient pas leur action avec les candidats qu'ils soutenaient.

En revanche, il existe toujours une limite au soutien direct apporté par une entreprise ou un individu à un candidat.

Mayer achève son ouvrage en dessinant la carte des réseaux de l'extrême-droite au sein des institutions. Grâce à des exemples détaillés, elle montre que le gros de l'influence extrémiste se situe au niveau des gouvernements des États. Grâce à la modification des limites de districts et à la concentration des dépenses, les riches contributeurs peuvent ainsi exercer désormais plus de contrôle sur la Chambre des Représentants et le Sénat.

Les donateurs de l'extrême-droite ont eu beau s'acharner à infléchir en leur faveur le résultat des élections présidentielles de 2008 et de 2012, les Républicains ont échoué à gagner le contrôle sur la Maison blanche. Les riches contributeurs ont alors encouragé d'autres candidats favorables à leurs thèses, comme le Gouverneur du Wisconsin Scott Walker. De fait, ces pratiques ont eu des résultats significatifs sur un grand nombre d'élections, tant au niveau législatif qu'à celui des gouvernorats.

Les donateurs de l'extrême-droite ont également réussi à accentuer leur emprise au sein des Parlements fédéraux, en faisant élire des politiciens plus à droite, lesquels ont alors usé de stratégies très contestables pour saper le pouvoir du Président Obama. Le meilleur exemple de ce type de scénario se situe en 2013, lorsque le gouvernement fédéral fut paralysé par l'opposition du Congrès.

Malgré le peu d'influence que les milliardaires et les groupes d'extrême-droite ont eu sur le cours des dernières élections présidentielles, ils constituent désormais une source d'influence significative pour les élections présidentielles de 2016, dans la mesure où les candidats, pour s'attirer leurs faveurs, sont nécessairement conduits à faire évoluer leurs positions.

Un exemple flagrant de cet état de fait est celui de Chris Christie, Gouverneur du New Jersey, qui, après un meeting du très généreux donateur Sheldon Adelson, a carrément retourné sa veste à propos du processus de colonisation israélien dans ce que tous les autres pays considèrent comme des territoires palestiniens occupés. L'émergence récente de candidats très populaires qui n'ont aucune expérience politique est sans doute une des raisons qui expliquent cette montée en puissance des mouvements libertariens anti-establishment.

Analyse du style de l'auteur

Dark Money relève du style journalistique. Mayer suit le fil de l'histoire des frères Koch et de leurs agents, mais son récit s'intéresse également à plusieurs acteurs, personnalités ou organisations, qui concentrent en leurs mains une énorme quantité d'argent. Cela donne un texte très dense, qui sera sans doute difficile à lire par les néophytes en matière de politique.

L'ouvrage fait référence à de nombreuses sources et citations, sans que l'auteur puisse toujours les mentionner textuellement, dans la mesure où elles émanent souvent de comptes rendus ou de procès-verbaux d'audiences publiques ou de procès.

Même si l'implication de certains militants d'extrême-droite ne peut être prouvée pour l'instant, Mayer laisse entendre qu'il y a véritablement collusion entre eux et les sources de financement de leurs groupes. L'auteur en est parfois réduit à émettre des hypothèses sur le fonctionnement de ces organisations passées reines dans l'art de la dissimulation, mais prédit qu'elles seront sans doute vérifiables dans un avenir pas si lointain. Il en va ainsi des analyses qu'elle développe à propos de la rencontre de Charles Koch et Mitt Romney, et de la manière dont Billy Koch fut traité au sein de sa fratrie.

Alors que le style narratif réclame souvent de suivre linéairement la trame de l'histoire, la plupart des évènements sont décrits sans référence de lieu ni de temps. Ils sont toujours résumés et introduits de façon journalistique ; puis la narration reprend le fil de la chronologie, en approfondissant l'analyse.

Ainsi, l'introduction de l'ouvrage ne commence que bien après le premier chapitre du livre, et les évènements décrits au début sont expliqués quelques chapitres plus tard. Pour appuyer les effets de son récit, l'auteur recourt fréquemment aux retours en arrière et aux anticipations ; elle esquisse le récit d'évènements qui seront développés plus tard, avant de revenir sur le cours de son histoire ; quelques personnages sont introduits très tôt, alors qu'ils n'ont qu'une faible importance ; plus tard, d'autres réapparaissent, avec des rôles plus conséquents.

La perspective, comme le titre le suggère, est centrée sur les groupes Républicains et libertariens, ce qui n'empêche pas l'auteur d'évoquer également le poids des financements dont bénéficient la gauche et les Démocrates. Ce livre est une plongée dans l'histoire récente, où l'auteur ne joue elle-même aucun rôle, même si elle livre parfois le résultat de ses propres enquêtes, à propos des frères Koch ou du financement des campagnes électorales.

Note de l'éditeur

Veuillez nous contacter à l'adresse
darkmoney@noovopub.com pour recevoir
une alerte sur les parutions de cette collection, nous
communiquer une info ou commentaire, ou nous proposer un
best-seller.

www.ingramcontent.com/pod-product-compliance
Lightning Source LLC
Chambersburg PA
CBHW071238280526
45787CB00002B/978